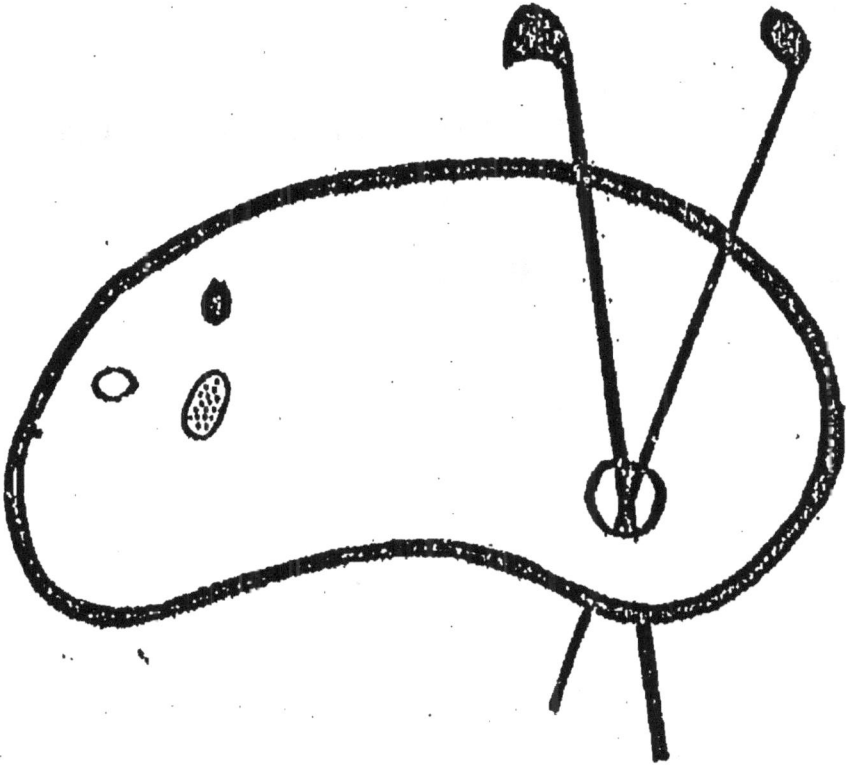

COUVERTURE SUPERIEURE ET INFERIEURE
EN COULEUR

1

QUELQUES NOTES

SUR

LES INSTITUTIONS DE PRÉVOYANCE

AU

BRÉSIL

Communication faite au Congrès scientifique
international des Institutions de Prévoyance
tenu à Paris en 1878

PAR

LE Bⁿ D'OURÉM,

MEMBRE DE LA SOCIÉTÉ DE LÉGISLATION COMPARÉE,

PAU
IMPRIMERIE VIGNANCOUR. — F. LALHEUGUE, IMPRIMEUR.

1878

QUELQUES NOTES

SUR

LES INSTITUTIONS DE PRÉVOYANCE

AU

BRÉSIL

Communication faite au Congrès scientifique
international des Institutions de Prévoyance
tenu à Paris en 1878

PAR

LE Bⁿ D'OURÉM,

MEMBRE DE LA SOCIÉTÉ DE LÉGISLATION COMPARÉE.

PAU
IMPRIMERIE VIGNANCOUR. — F. LALHEUGUE, IMPRIMEUR.

1878.

A cause de la grande distance qui sépare la France du Nouveau-Monde, le temps nous a fait défaut pour nous procurer des renseignements précieux qui nous auraient permis, malgré notre incompétence, de donner à cette courte notice le développement que comporte la matière, surtout au point de vue statistique.

Dans cette situation, c'est à l'indulgence des honorables membres du Congrès que nous faisons appel. En leur communiquant ces notes, nous espérons qu'ils seront assez bienveillants pour nous l'accorder; ils voudront bien les accueillir comme un hommage de la grande considération dont ils sont dignes, et de l'admiration qu'on professe aussi au-delà de l'Atlantique, pour leurs grands talents, leurs services éclatants à la patrie et le dévouement dont ils ont toujours fait preuve pour la création et le développement des grandes œuvres moralisatrices.

Pau, le 30 Juin 1878.

QUELQUES NOTES

sur

LES INSTITUTIONS DE PRÉVOYANCE

AU BRÉSIL.

SECTION Iʳᵉ.

CAISSES D'ÉPARGNE.

I.

RÉSUMÉ HISTORIQUE.

Depuis l'époque de sa découverte jusqu'au commencement de ce siècle, le Brésil a été, on le sait, une colonie du Portugal. Nous n'avons donc pas à examiner à quel régime il fut soumis pendant la première période de son existence ; les conditions exclusives et bornées du commerce, les conditions encore plus limitées de l'industrie, laquelle était même défendue dans quelques-unes de ses branches, n'étaient pas faites pour favoriser l'établissement des institutions de crédit des temps modernes, dont plusieurs étaient inconnues alors. C'étaient les intérêts agricoles qui appelaient surtout l'attention du gouvernement, et les mesures prises témoignent de la sollicitude qu'ils lui inspiraient. A la fin de cette période, nous aimons à rappeler ce fait peu connu, la métropole et ses délégués faisaient même des efforts dans la voie du crédit en faveur de la colonie. Un ministre, esprit actif et entreprenant, ami dévoué du Brésil où il devait plus tard jouer un si grand rôle, recommandait instamment au Vice-Roi, qui depuis quelque temps siégeait à Rio-de-Janeiro, la création de *caisses de crédit, circulation et escompte*, c'est-à-dire de banques, ainsi que de compagnies d'assurances. La pensée éminemment patriotique de

D. Rodrigo, depuis comte de Linhares, visait surtout à la fondation, dans la colonie, de sociétés qui se chargeraient d'opérations foncières, d'établissements enfin « semblables, » disait-il, aux caisses de crédit de la Silésie, où ils contri-» buèront tant à développer l'agriculture et très-analogues aux » banques privées de l'Ecosse et de l'Angleterre » (1). Les démarches auxquelles le Vice-Roi, comte de Rezende, se livra, ainsi que son successeur, furent inutiles, car les temps, on le sait, n'étaient pas favorables aux travaux de la paix.

A l'époque royale, après l'ouverture des ports du Brésil à toutes les nations amies, et dans la prévision de l'essor qu'allaient prendre naturellement les différentes industries, on fonda en 1808 à la nouvelle Cour de la monarchie portugaise, une grande institution de crédit, une banque de circulation, de dépôts et d'escompte, qui a rendu certainement des services éclatants au commerce et à l'Etat; mais malheureusement elle ne put résister à des causes multiples, qui vinrent en ébranler le crédit; il nous suffit de rappeler ici que par l'excès de son émission, provoquée surtout par le gouvernement, elle se vit forcée de suspendre les payements à une époque mémorable, léguant ainsi au pays, qui peu après se déclarait Empire indépendant (1822), le germe du régime du papier monnaie, proclamé ensuite en 1829, et dont, hélas! malgré tous ses efforts, il n'a pu se débarrasser jusqu'à présent.

Pendant le premier Empire (1822-1831), les préoccupations étaient toutes politiques et on laissait en général de côté les intérêts de tout autre ordre. C'était naturel; il fallait avant tout établir, et on l'a fait, sur des bases solides et durables le nouveau régime constitutionnel et représentatif que le Brésil venait d'adopter. Puis la ruine si récente de la Banque inspirait une certaine méfiance pour toutes sortes d'institutions de crédit. Excepté quelques sociétés ou plutôt associations (sans parler des politiques), qui se formèrent dans cette période, ce ne fut que pendant la Régence, après l'abdication de l'Empereur, en 1831, que l'esprit d'association commença vraiment à se développer.

(1) *Voy*. Lettres royales du 10 mai 1799 et plan annexe, 8 juillet 1800 et 18 mars 1801.

C'est d'alors que date la première Caisse d'épargne brésilienne : en effet, le 31 juillet de cette année, elle était fondée à la capitale de l'Empire, grâce à l'initiative d'un des professeurs les plus distingués de l'Académie militaire, feu José Florindo de Figueiredo Rocha, qui en fut longtemps l'âme. Toute personne, d'après les statuts, pouvait être *actionnaire* de la Caisse d'épargne, même l'esclave avec la permission de son maître. Les versements ne pouvaient être que de 25 c. à 25 fr. chaque semaine (car la Caisse n'était ouverte que les dimanches); le premier dépôt pouvait toutefois s'élever jusqu'à 250 fr.; le mode d'emploi des fonds était l'acquisition de rentes sur l'Etat, au nom de la Caisse. Créé d'après le type alors connu et en vogue, cet établissement réussit d'abord ; aussi, le solde en rentes en juin 1845, seule date qui nous soit connue, était-il d'environ 5,000,000 fr. Dans les dernières années de son existence, la caisse se trouva en présence de concurrents puissants, les sociétés anonymes qui s'étaient organisées ; elle subit, paraît-il, un remaniement dans l'administration et le personnel, elle subit même des pertes, et peu après, à la fin de janvier 1859, une assemblée générale des actionnaires en décidait la liquidation, qui eut en effet lieu. Pas n'est besoin d'ajouter que les statuts de la Caisse ne reçurent jamais l'approbation du gouvernement (1).

Dans les provinces, des établissements s'étaient successivement fondés depuis 1834, presque tous d'après un même type, mais qui, de Caisses d'épargne, en général, n'avaient que le nom. Plusieurs prospérèrent. C'étaient de vraies banques, la plupart sans autorisation du gouvernement, qui, aux opérations de cette branche du commerce, joignaient celle de recevoir les plus petites économies, jusqu'à 2 fr. 50 c., dans le but, disaient les statuts, de les faire fructifier. « Ce que jusqu'à présent parmi nous on a appelé Caisses « d'épargne, disait un avis du Conseil d'Etat, c'est pour « la plupart, des associations de personnes, qui contribuent « avec les sommes qu'il leur convient, divisées en por.

(1) *Voy.* Laemmert, Almanak de 1844, 1854 et 1859 et av. du C. d'Etat, sect. des F., Déc. du 18 Oct. 1871, *Coll.* p. 35.

« tions plus ou moins grandes et désignées par le nom
« d'actions, afin de former un fonds destiné à des opérations
« de banque ; les profits se partagent périodiquement parmi
« ceux qui contribuent ; chacun se réserve le droit de re-
« tirer à son gré les mises sans liquidation préalable des
« Caisses. Ainsi s'est établi ce principe étrange qu'il est
« permis à chaque associé de retirer intact le capital qu'il
« a déposé, quoique la société subisse des pertes, principe
« qui est aussi absurde qu'inique ; le produit des mises
« étant employé à des opérations plus ou moins aléatoires ,
« les pertes qui en proviennent et qui pourraient diminuer le
« capital , retomberont nécessairement sur ceux qui auront
« contribué et qui n'auront pas les moyens de s'informer, à
« chaque instant, de l'état réel de la caisse et de retirer leur
« argent tant qu'elle sera solvable c'est-à-dire sur les plus
« nécessiteux » (1).

Lorsqu'à la fin de 1859 le gouvernement, au moyen d'un
remaniement de l'impôt du timbre sur le capital des sociétés
et sur les billets au porteur (2), essaya de forcer indirectement
les sociétés anonymes a demander l'autorisation nécessaire,
exigée du reste par des dispositions formelles (3), la plupart
des associations, dont nous venons de parler s'empressèrent
de solliciter l'approbation de leurs statuts ; le gouvernement, désireux surtout de ménager les intérêts engagés dans
ces établissements, la leur accorda, toutefois avec des modifications importantes et salutaires. Cependant il se montra
ensuite plus difficile pour de nouvelles institutions , suivant
en cela les traditions reçues au Conseil d'Etat, et à l'heure
qu'il est quelques-uns de ces établissements ont, paraît-il, cessé
d'exister ; au moins les derniers rapports des Ministres des
Finances n'en font plus mention.

Mais le gouvernement n'en restait pas là. Le Ministre des
Finances, le Conseiller Ferraz, après la voie détournée du

---

(1) Sect. des F., Déc. du 19 juin 1861, *Coll.*, p. 143. Voy. aussi *Relatorio
do Inquerito* de 1859-1860, p. 72-89.

(2) Déc. du 30 sept. 1859.

(3) Alvara du 30 mars 1818, Déc. 12 août 1825, § 8 ; Déc. du 10 janv.
1840 et Code de commerce, art. 205.

timbre, faisait alors procéder à une rigoureuse enquête sur l'état de la circulation monétaire, sujet fort débattu depuis quelque temps, ainsi que sur des matières connexes au crédit.

« Pour terminer ce qui est relatif aux sociétés qui fonc-
« tionnent sans l'approbation du gouvernement (telle était une
« des conclusions du Rapport volumineux de cette enquête), la
« Commission ne peut pas s'empêcher de remarquer que dans
« l'état où se trouve parmi nous tout ce qui a trait à
« l'approbation des banques, des Caisses d'épargne, des
« associations de secours mutuels et autres semblables, et
« vu les difficultés qui augmentent à cet égard, il devient
« absolument nécessaire de prendre une mesure législative
« afin de classifier ces sociétés, en déterminer les conditions
« d'existence et d'administration, ainsi que le cercle privatif
« de leurs opérations, selon leur nature et leur but.

« Les lois françaises du 5 juin 1835 et autres, sur les
« Caisses d'épargne, et celles du 15 juillet 1850 et 26 mars
« 1852 sur les sociétés de secours mutuels, ajoutait ce rap-
« port, contiennent des mesures dignes d'être adoptées en
« ce qui concerne le régime de ces institutions, qui en s'ap-
« puyant sur le crédit, sont éminemment utiles, non-seule-
« ment à la moralité, mais à l'économie publique (1) ».

La célèbre loi du 22 août 1860, due à l'initiative du Ministre des Finances, le Conseiller Ferraz, exauça bientôt les vœux de la Commission d'enquête.

II.

LÉGISLATION ACTUELLE.

§ 1er. — *Création des Caisses d'épargne.*

Loi de principes et de circonstance à la fois, l'acte de 1860, dont nous venons de parler, a voulu respecter jusqu'à un certain point les intérêts déjà engagés dans les établissements

(1) *Relatorio do Inquerito* do 1859-1860, p. 88.

existants, quels qu'ils fussent ; mais en même temps poser des règles salutaires et stables pour les institutions à venir ; de là les mesures préventives et répressives qu'elle a adoptées, de là aussi ses prescriptions détaillées et souvent rigoureuses, et cette longue suite de règlements d'administration publique qu'elle a autorisés ; les uns transitoires, les autres, particulièrement celui du 19 décembre 1860, d'un caractère permanent. Ces règlements sont venus, soit exposer, soit compléter le système de la loi, en réglant son application aux différentes institutions, organisées déjà à l'époque de sa publication, ou qui s'organiseraient ensuite.

Nous ne parlerons point des dispositions de la loi et de ses règlements qui ont trait aux banques de circulation, à l'autorisation des sociétés anonymes ou sous la forme anonyme, à la monnaie auxiliaire et à d'autres matières, dont elles s'occupent ; nous ne résumerons que les prescriptions relatives aux institutions de prévoyance, et d'abord aux Caisses d'épargne.

La création et l'organisation des statuts des Caisses d'épargne (*Caixas Economicas*) dépend de l'initiative officielle ; les particuliers peuvent bien la provoquer et concourir même à leur fondation, soit au moyen de souscriptions, soit au moyen de dons ou legs ; mais il n'y a plus de création sans intervention directe de l'Etat. C'est là un principe de notre droit administratif, qui semble désormais hors de controverse. « Le but de la loi, ainsi s'exprime un avis du Conseil « d'Etat, a été d'autoriser la création d'établissements qui « sous le nom de Caisses d'épargne, auraient pour seule des- « tination de recevoir, en dépôt, les petites économies des « classes pauvres de la société, en leur assurant un intérêt « certain et déterminé, et de garantir, autant qu'il est « humainement possible, le paiement de ces dépôts au gré « des déposants. Cette garantie, ce n'est pas un particulier, « une société, c'est l'Etat qui la leur donne » (1). La loi, en effet, est positive ; elle déclare les Caisses d'épargne des institutions de bienfaisance, prescrit que leur administration doit être gratuite ; permet seulement l'opération de recevoir

_____

(1) Sect. des F., Déc. cité du 10 juin 1861.

des petites économies, chaque semaine, et détermine enfin le
versement des dépôts dans le Trésor. « Il est reconnu par le
« gouvernement, disait plus tard un autre avis du Conseil
« d'État, que les Caisses d'épargne peuvent être instituées
« seulement par l'Etat, comme l'Angleterre, l'Autriche, la
« France et d'autres nations le pratiquent avec un soin tout
« particulier » (1). Cette jurisprudence nous semble fondée
d'après la situation toute spéciale créée par la loi aux Caisses
d'épargne, quant à l'organisation, à l'administration et au mode
d'emploi des fonds, situation qui leur imprime le caractère
d'institutions de bienfaisance garanties par l'État; établissements d'utilité publique, selon la terminologie française, ils ne
rentrent pas toutefois dans l'organisation administrative du pays.

Dans ces conditions les statuts des Caisses d'épargne ne
peuvent que suppléer au silence de la loi et des règlements
quant aux points de détail; ce sont à vrai dire des règlements spéciaux décrétés par le gouvernement, et c'est ainsi
qu'on a agi à l'égard des Caisses d'épargne de la capitale et
des provinces, en leur donnant cependant une constitution
identique et des prescriptions en général uniformes (2).

En tout cas, si l'initiative directe des particuliers n'est pas
défendue, ce qui est au moins fort douteux, la création des
Caisses, comme l'a très-bien remarqué un autre avis du Conseil
d'Etat, « sera forcément soumise aux conditions organiques
« de la loi et des règlements » (3). Afin d'obtenir l'autorisation et l'approbation des statuts on doit suivre dans ce cas
les formalités prescrites par les règlements, pour l'autorisation
et l'approbation des statuts des sociétés anonymes ou sous
la forme anonyme; le règlement du 19 décembre 1860 les
expose très en détail. Il convient de savoir que la section compétente du Conseil d'Etat, celle des finances, doit toujours être
entendue, d'autres sections et même l'Assemblée générale du
Conseil d'Etat pouvant être aussi consultées à cette occasion.

(1) Sect. des F., Déc. du 27 sept. 1876, Coll. p. 248.

(2) Voy. Déc. du 12 janvier 1861, remplacé par celui du 8 avril 1871
pour la Caisse d'épargne de la capitale, et du 18 avril 1874 pour les Caisses
des provinces.

(3) Sect. des F., Déc. du 25 janv. 1860, Coll. p. 370.

Ajoutons enfin que les affaires qui concernent les Caisses d'épargne sont du ressort du Ministère des Finances (1).

En laissant de côté les établissements qui existaient à l'époque de la publication de la loi de 1860, approuvés ou non, auxquels, soit dit en passant, le Conseil d'Etat s'est montré toujours assez opposé, car ils n'étaient pas, en général, de vraies Caisses d'épargne, nous passerons aux institutions qui ont été fondées sous le régime de cette loi.

Peu de temps après la publication de l'acte de 1860, le gouvernement créa à la capitale de l'Empire une Caisse d'épargne, en lui annexant un Mont-de-Piété. Le premier règlement de cette institution, daté du 12 janvier 1861, a été remplacé par celui du 8 avril 1871, rendu dans la forme des règlements d'administration publique, c'est-à-dire après examen et avis du Conseil d'Etat (2).

Mais bien avant, le gouvernement, surtout après la promulgation de la loi du 27 sept. 1867, art. 36, § 1er, avait songé a généraliser le bienfait de ces institutions; cependant, quoique le Conseil d'Etat eut été entendu, malgré l'avis des plus éclairés qu'il donna à cette occasion et dans lequel il posait les bases des institutions locales, ce ne fut qu'en 1874 que l'on prit des mesures à cet effet.

Le décret du 18 avril de cette année, contient les statuts ou plutôt les règlements des Caisses d'épargne provinciales, c'est-à-dire des établissements créés aux chefs-lieux des provinces, avec des Monts-de-piété annexes. Malgré les objections sérieuses .auxquelles ce système est à juste titre exposé, on l'a toutefois adopté. « Les Caisses d'épargne , disait l'avis « du Conseil d'Etat que nous venons de citer, peuvent exister « séparément ou annexées à des Monts-de-piété. L'annexion, « comme nous avons remarqué, a des avantages et des incon- « vénients, mais puisque pour la capitale le second système « a prévalu, il semble que dans les provinces on doive adopter « la même organisation. Autrement le Mont-de-piété ne pourrait « obtenir des ressources pour ses premières opérations que « par des emprunts à l'Etat, aux provinces, aux communes

(1) Arrêté du 14 janv. 1861.
(2) C. d'Et., Sect. des F., Déc. du 1er avril 1871, *Coll.* p. 16.

« ou aux particuliers. Les dons et legs, les avances à titre
« gratuit ou onéreux, le produit des amendes, sont des res-
« sources futures, éventuelles et incertaines sur lesquelles
« on ne peut compter. » (1)

Aussitôt autorisées les Caisses d'épargne ont été bientôt
installées dans plusieurs provinces; des actes de dévouement
charitable et de patriotisme ont eu lieu à cette occasion, car
des particuliers et même les caisses du Trésor provincial
avancèrent les fonds nécessaires pour constituer le capital
des Monts-de-piété, simultanément créés avec les Caisses
d'épargne.

§ 2. — *Administration.*

Les règlements dont nous venons de parler sont assez
féconds en détails. Nous en résumons les dispositions.

L'administration supérieure des Caisses d'épargne est essen-
tiellement gratuite; les directeurs sont nommés et révoqués
par le gouvernement; ils ne perçoivent aucune rémunération
pécuniaire et les services qu'ils peuvent y rendre sont consi-
dérés comme méritants. Cette administration est confiée à un
Conseil fiscal, composé à la capitale de l'Empire d'un président
et de 6 membres et aux chefs-lieux des provinces d'un président
et de 4 membres. Le Vice-Président et le Secrétaire sont élus
parmi les membres. Le Conseil exécute la loi et les règlements,
agit au nom de l'établissement et le représente en justice, déli-
bère sur l'acceptation des dons et legs, propose la création de
succursales et d'agences, nomme et révoque les employés,
a savoir : le gérant, le caissier et les commis. Tous ces
employés sont salariés et le caissier doit fournir un cautionnement.

A propos de l'administration des Caisses d'épargne, nous
devons rappeler ici une disposition importante du règlement
du 10 décembre 1860 : « Les directeurs pourront être pro-
« posés par les fondateurs ou déposants, et outre ces fonc-

(1) *Voy.* C. d'Etat, sect. des F., Déc. cité du 23 Janv. 1800.

« tionnaires il pourra y avoir un comité de censeurs choisis
« par les déposants. — On a cherché, comme il a été remarqué
« avec justesse, à harmoniser l'intervention du gouvernement
« dans l'existence des Caisses avec la surveillance exercée par
« ceux qui sont immédiatement intéressés à leur prospérité,
« tant fondateurs que déposants » (1).

§ 3. — Ressources.

Les Caisses d'épargne, d'après les conditions de leur institution, n'ont pas de fortune propre ; en effet, elles ont pourvu à
leurs frais de gestion au moyen des bénéfices du Mont-de-piété,
qu'on leur a annexé partout, non pas parce que ce système
soit indispensable aux yeux de la loi, mais parce qu'on l'a jugé
plus convenable provisoirement. « La Caisse d'épargne et le
« Mont-de-piété, ainsi portent les règlements, jouissent de la
« garantie du Gouvernement Impérial et sont exempts du
« timbre (2). Tant que la Caisse n'aura pas un revenu suffi-
« sant pour subvenir à ses frais, ceux-ci seront défrayés par
« le Mont-de-piété » (3).

Les Caisses d'épargne peuvent avoir des ressources extra-
ordinaires, provenant de souscriptions et de dons et legs,
que la loi les autorise à recueillir.

Par divers motifs, entre autres la création des agences, le
Conseil fiscal de la Caisse d'épargne centrale a fait des démarches
pour créer des ressources ordinaires à cet établissement ; en
effet, il a proposé récemment au gouvernement de permettre
à la caisse de payer aux déposants seulement 5 %, la différence
entre cet intérêt et celui alloué par le Trésor étant retenue
pour constituer un fonds de réserve pour les frais de gestion,
dont le solde serait converti en rentes sur l'État. Elle a
demandé aussi la faculté de déduire 0,01 sur les sommes
remboursées afin de subvenir aux mêmes frais. Le Conseil

(1) *Jornal do Commercio* du 28 mars 1878.
(2) Les Caisses d'épargne sont aussi exemptes de l'impôt des patentes
et de la transmission *causâ mortis*.
(3) Règl. de 1871, art. 80 et de 1874, art. 113 et 114.

d'Etat a été entendu, mais aucune délibération n'a été prise à cet égard jusqu'à présent par le gouvernement (1).

Dans les provinces, à cause de l'installation des Caisses d'épargne, le gouvernement a été autorisé à faire retenir sur l'intérêt des sommes déposées jusqu'à 1 % pour les frais de gestion; c'est par ce motif qu'on a fixé à 5 % l'intérêt des dites sommes.

§ 4. — *Opérations.*

Nous allons résumer d'abord les dispositions des règlements sur les opérations des Caisses d'épargne avec le public.

Les Caisses sont ouvertes tous les jours ouvrables, depuis 9 heures du matin jusqu'à 1 heure de l'après-midi pour les opérations de versement et de remboursement. Le conseil fiscal est autorisé à les faire fonctionner dans l'après-midi ou les dimanches et jours fériés, mais seulement pour les opérations de versement. Cette mesure a été déjà appliquée à la capitale quant aux dimanches et a produit un excellent résultat.

Les Caisses reçoivent de toutes personnes (2) des fonds auxquels elles accordent un intérêt (actuellement de 6 % à la capitale et de 5 % dans les provinces (3)), qui est capitalisé à la fin de chaque semestre civil.

L'intérêt commence à courir le lendemain du versement et s'arrête à la veille du jour fixé pour le remboursement. Dans le calcul on ne tient pas compte des fractions inférieures à 25 c., et on n'alloue pas d'intérêt quand la liquidation a lieu dans le premier mois de la réalisation du dépôt.

(1) *Rapport* du Min. des Finances, 1er de 1877, p. 104.

(2) A l'égard du *pécule* des esclaves, on peut en admettre le dépôt et le remboursement, moyennant l'autorisation de l'autorité judiciaire compétente; Règl. du 18 avril 1874, art. 11. Quoique seulement inscrite dans le texte du règlement des caisses des provinces, cette règle n'en est pas moins générale.

(3) On l'a élevé pour quelques provinces à 6 %; *Rapport* du Min. des Finances, 1er de 1877, p. 94.

La loi du 27 septembre 1867, art. 56, § 1er, autorise le gouvernement à modifier le taux et l'époque à courir de l'intérêt dans les caisses d'épargne.

Les fonds sont tenus à la disposition des déposants, qui en obtiennent le remboursement immédiatement, ou si la somme dépasse 250 fr. dans la huitaine de la demande ; ils peuvent retirer à leur gré soit la totalité de leur avoir, soit la fraction qui leur convient. Le gérant est toutefois autorisé à supprimer ce délai, s'il n'y a pas d'inconvénient.

Le remboursement est toujours fait en numéraire.

Le titre de créance du déposant est le livret; en cas de perte, une fois les formalités remplies, la substitution entraîne le payement de 5 fr. pour la Caisse. En cas de remise du livret pour liquidation finale du compte on paye 50 c. (1).

Le minimum des versements est fixé à 2 fr. 50 c.; ils se font par multiples de cette somme jusqu'au maximum qui est de 125 fr. pour une semaine.

La question de l'élévation de ce maximum a été assez discutée au sein du Conseil d'État, mais il s'est arrêté au taux actuel (2).

Si le crédit atteint la somme de 10,000 fr., soit par le capital, soit par l'accumulation des intérêts, l'excédant ne pourra plus porter d'intérêts, mais il sera tenu dans les Caisses à la disposition du déposant. Le Gouvernement a été autorisé dans des temps critiques à modifier la règle du maximum (3), mais on ne s'en est pas départi dans les derniers règlements; malgré l'avis du Conseil d'Etat (4), qui s'est prononcé, du reste, contre l'élévation de ce maximum, on n'a pas fait l'exception qu'il a proposée en faveur des marins et des remplaçants militaires. La disposition, dont nous venons de parler, a été appliquée aux crédits ouverts dans différentes Caisses par le même individu.

Examinons maintenant les opérations des Caisses d'épargne avec le Trésor :

Le produit des dépôts de chaque jour est versé le lendemain dans le Trésor à la capitale et dans les Trésoreries aux

---

(1) C. d'E., sect. des F., Déc. du 24 déc. 1872, *Coll.* p. 151 et arrêté du 31 décembre 1872.

(2) Sect. des F., Déc. du 23 janv. 1860, *Coll.* p. 578.

(3) Loi du 27 sept. 1867, art. 36, § 1er.

(4) *Voy.* Sect. des F., Déc. 23 janv. 1860, *cité.*

chefs-lieux des provinces ; il est toutefois dérogé à cette règle si les opérations du Mont-de-piété (l'autorisation à cet effet ayant été donnée), ou si les remboursements en exigent l'emploi. Ces sommes sont gardées en dépôt dans les caisses de l'Etat, et appliquées à sa dépense aux termes de la loi.

Le Trésor sert aux Caisses d'épargne un intérêt qui ne peut pas dépasser 6 %, depuis le jour du versement ; il est capitalisé à la fin de chaque semestre civil.

Dans les rapports entre les Caisses et le Trésor ou les Trésoreries, l'Etat ne connaît que les Caisses d'épargne, jamais les déposants ; le remboursement s'effectue, du reste, à la requête des gérants.

Les dispositions qui concernent les opérations des Caisses d'épargne avec le Trésor ont été déclarées applicables aux Caisses d'épargne existantes et approuvées par le gouvernement, aux Caisses de retraite et aux Sociétés de secours mutuels, si toutefois ces associations le réclamaient.

§ 5. — *Comptabilité — Responsabilité — Liquidation —*
Contentieux.

Nous passerons sous silence les dispositions réglementaires qui ont trait aux formalités à remplir près des Caisses d'épargne en ce qui concerne les versements et remboursements, la comptabilité, livres et écritures, la conservation des valeurs, la responsabilité des Caisses et des directeurs vis-à-vis des déposants, la surveillance, enfin la cessation et la liquidation de ces établissements, les prescriptions des règlements à cet égard étant, en général, analogues à celles des autres pays et particulièrement à la France. Cependant il faut remarquer d'abord que les budgets et les comptes ne relèvent que des administrations supérieures des Caisses d'épargne, et ensuite, quant à la responsabilité en matière de Caisses d'épargne, que l'Etat, d'après le texte formel et positif des règlements, *a garanti la restitution fidèle de ce qui appartient à chaque déposant, lorsque celui-ci le réclamera*; il en est donc civilement responsable (1).

Le Conseil fiscal de la Caisse centrale proposa dernièrement au gouvernement de déclarer les sommes déposées à la Caisse d'épargne insaisissables jusqu'à 5,000 fr.; mais le Corps législatif n'a encore pris aucune décision à cet égard (2). Il faut cependant rappeler que les sommes déposées à la Caisse d'épargne ne pourront être saisies qu'après les formalités spéciales prescrites par les règles de la procédure civile et commerciale.

Quant au contentieux des Caisses d'épargne, il appartient en principe aux tribunaux civils; cependant, la loi et la jurisprudence attribuent à la compétence administrative les infractions aux lois et règlements qui les régissent, ainsi que les contestations relatives à leur police et à leur administration intérieure, ou celles, en dehors du droit privé, entre les établissements et leurs fonctionnaires et employés (3). Le retrait de l'autorisation, que la loi autorise le gouvernement à prononcer pour inexécution ou violation des lois et règlements (4), nous semble un acte de police d'un ordre élevé comme l'autorisation, et qui ne peut pas donner lieu à un recours contentieux. Enfin, ce que M. Lefort dit dans un précieux travail sur les Caisses d'épargne en France, s'applique entièrement aux Caisses d'épargne au Brésil : « il n'y a pas d'exemple, ainsi s'exprime-t-il, « de retrait d'autorisation prononcé à titre de peine; il est « permis de croire qu'il n'y en aura jamais. Le zèle et le « dévouement éprouvé des directeurs des Caisses d'épargne « pour l'institution à laquelle ils consacrent gratuitement leur « temps et leurs soins, sont une garantie certaine de leur « fidélité à observer toutes les prescriptions qui leur ont été « ou leur seront faites » (5).

(1) C. d'E., Sect. des F., Déc. du 4 Sept. 1872, *Coll.* p. 126.

(2) *Rapport* du Min. des Finances, 1er de 1877, p. 104.

(3) *Voy.* C. d'E., Sect. des F., Déc. du 14 Sept. 1866, *Coll.* p. 79, et arrêté du 15 Nov. 1867.

(4) Déc. du 12 Janvier 1861, § 3.

5) BLOCK, *Dict. de l'Administration*, V. *Caisses d'Épargne.*

§ 4. — Succursales.

Le gouvernement, nous l'avons déjà dit, avait songé à généraliser les bienfaits de la Caisse d'épargne et du Mont-de-Piété, créés à la capitale de l'Empire ; mais ce ne fut qu'en 1874 que des mesures furent prises à cet effet. A cette époque, en fondant une Caisse d'épargne dans le chef-lieu de chaque province, on n'oublia pas les intérêts des villes de l'intérieur.

D'après le règlement des Caisses d'épargne provinciales, en date du 18 avril 1874, les Conseils fiscaux sont autorisés à créer des succursales, avec approbation préalable du gouvernement et à lui proposer les agences qu'il conviendra d'établir dans leurs circonscriptions respectives.

Cependant, en attendant la fondation de succursales, le règlement a confié provisoirement aux receveurs dans les villes de l'intérieur de chaque province les fonctions d'agents des Caisses d'épargne. C'est au gouvernement, sur la proposition du Conseil fiscal et de l'inspecteur de la Trésorerie, à désigner les receveurs qui devront remplir les fonctions d'agents.

Les règles et les formalités du versement et remboursement des déposants, du versement des fonds dans la Caisse de l'État à charge du receveur, de la comptabilité, livres et relevés, enfin du service spécial des agences, sont les mêmes que celles des Caisses d'épargne, modifiées toutefois, et extrêmement simplifiées à cause des conditions on ne peut plus modestes des bureaux des receveurs.

Jusqu'à présent on a créé seulement des agences dans les villes principales de la province de Rio-de-Janeiro, qui est comprise dans la circonscription de cette Caisse d'épargne de la capitale de l'Empire, d'où dépendent tous ces agences (1).

Le règlement des agences est celui des Caisses d'épargne avec de légères modifications.

L'intérêt a été fixé à 5 % et le délai pour le remboursement des sommes qui dépassent 125 fr., est de 15 jours.

(1) Voy. Arrêté et Instructions du 30 Déc. 1874.

Le service des agents et de leurs commis ne sera rémunéré pécuniairement que lorsque l'état financier de la Caisse d'épargne lui permettra de le faire.

§ 7. — *Renseignements statistiques.*

Le tableau suivant, dressé d'après les renseignements que l'on trouve dans les rapports du Ministère des Finances, nous montre le mouvement de la Caisse d'épargne centrale dans les périodes indiquées depuis l'époque de sa fondation jusqu'au 31 décembre 1876 (1).

ANNÉES.	VERSEMENTS.	REMBOURSEMENTS.
1864	28,895	553
1866	3,436,140	1,966,968
1871	9,017,400	5,490,403
1876	10,450,035	8,264,105

Le solde à la fin de la même année était de **22,745,000 fr.**, représentant **32,194** livrets.

Le mouvement des agences de la Caisse d'épargne centrale, lesquelles ne datent que de 1875, a été en 1876 de 260,000 fr. de versements contre 125,000 fr. de remboursements.

D'après d'autres renseignements plus récents, annexés au dernier rapport du Ministère des Finances, la situation des Caisses d'épargne au 30 avril 1877 était celle-ci :

CIRCONSCRIPTIONS.	SOLDE.
Capitale......................	22,845,635
PROVINCES.	
Rio de Janeiro...................	303,260
Espirito Santo..................	455,097
Pará............................	184,537
S. Paulo.......................	208,072
Paraná.........................	38,850
Santa Catharina................	44,200
S. Pedro.......................	620,645
Minas	37,852
Goyaz..........................	101,112
Matto Grosso...................	370,145

(1) Dans ces tableaux et dans le cours de ces notes, le franc est toujours calculé à raison de 400 *réaux* brésiliens.

Le tableau qui suit nous fait voir le développement des mêmes établissements depuis qu'on a créé des Caisses d'épargne dans les provinces :

EXERCICES.	CIRCONSCRIPTIONS.	SOLDE.
1873-74	Capitale.....................	18,558,750
1874-75	» et provinces..........	11,700
1875-76	» »	3,540,242
1876-77	» »	2,794,405
	Fr.	24,905,187

En résumé, le solde du compte courant des Caisses d'épargne avec le Trésor, le 30 avril 1877, était :

Capitale . . . . 22,846,000 fr.
Provinces. . , ... 2,060,000 fr.

Ajoutons que les dépôts à la Caisse d'épargne de la capitale ont repris récemment la marche ascendante qu'ils avaient suivie depuis la création de l'établissement, mais qui avait été interrompue, dans ces dernières années, par des causes accidentelles et passagères.

SECTION II,

MONTS-DE-PIÉTÉ.

I.

RÉSUMÉ HISTORIQUE.

Au Brésil, comme ailleurs, les Monts-de-piété (*Montes de soccorro*) sont des établissements de prêts sur gage ou. des institutions de bienfaisance, dont le but est de procurer de l'argent aux personnes embarrassées où nécessiteuses.

Avant la loi de 1860 le Mont-de-piété n'était qu'une affaire purement commerciale; entrepris par spéculation, souvent inspiré par la fraude, à peine dépendait-il du *permis* de la municipalité, et de l'impôt de patente, comme un établissement de commerce quelconque ; pour tout le reste il était dégagé de toute espèce d'inspection et de contrôle, et soumis seulement à l'action répressive des tribunaux.

A l'occasion de l'enquête de 1859-60, la Commission ne pouvait pas manquer d'appeler l'attention du gouvernement sur ces établissements. « Il conviendrait, a-t-elle dit alors,
« de soulager autant que possible, comme l'ont fait les législa-
« tions d'autres pays, la situation déplorable de ceux qui forcés
« par des circonstances pénibles, et par l'adversité de la
« fortune, vont frapper à la porte des maisons qu'on appelle
« *bureaux de nantissement*, dont le régime dangereux,
« vu les fraudes et les abus de leurs transactions, peut
« actuellement et pratiquement, être, sans aucun scrupule,
« qualifié de scandaleux. Dans ces bureaux, assure-t-on, il
« ne suffit plus d'un titre d'emprunt, on exige un titre de
« dépôt, sans date, sans timbre, afin qu'à l'époque de l'échéance,
» qui dépend de la volonté du créancier, on puisse avoir
« recours à la contrainte par corps contre le malheureux
« qui lui a demandé secours à l'heure de l'infortune » (1).

---

(1) *Relatorio do Inquerito* de 1859-60, p. 89.

Comme exception à cet état de choses, nous trouvons à la capitale de l'Empire un Mont-de-piété, fondé de bonne heure et dû à l'initiative directe de particuliers. D'après ses statuts, qui toutefois ne furent pas approuvés par le gouvernement, c'était une société anonyme fondée le 11 avril 1838, au capital de 1,000,000 de fr. et dont les opérations consistaient surtout dans le prêt sur gage, même de ses actions, et puis dans l'escompte de l'intérêt des rentes et des bons du Trésor, compte-courant avec les déposants, dépôts de rentes, actions, objets mobiliers de valeur ; les fonds disponibles pouvant être employés dans l'achat de ses propres actions. Administré à la manière la plus régulière, c'est un des établissements qui a rendu des services au public, et sur lequel on a des renseignements exacts et complets (1) sur toutes ses opérations jusqu'à la fin de 1859 ; peu après il a liquidé.

C'était à cette époque que le Ministre des Finances, conseiller Ferraz, demandait aux Chambres la règlementation des bureaux de nantissement. « Les Monts-de-Piété, disait-il, ont été toujours « l'objet d'une grande sollicitude des pouvoirs suprêmes de « l'Etat. Leur nécessité parmi nous est reconnue : réglez donc « leur existence, accordez leur votre protection, et par des me- « sures efficaces extirpez un nombre infini de maisons de prêt, « qui trafiquent mystérieusement sur tout objet, véritable « abîme où se précipitent l'ouvrier, l'infirme, le fonctionnaire « et les familles dépourvues de moyens » (2).

Le régime de la loi de 1860 est venu donc remplacer le désordre qui avait régné jusqu'à cette époque dans les établissements de prêts sur gage.

II.

LÉGISLATION ACTUELLE.

§ 1er. — Création des Monts-de-piété.

Affaire purement de spéculation mercantile jusqu'à l'acte de 1860, le Mont-de-piété devait s'élever au rang d'une

---

(1) Voy. Relatorio do Inquerito de 1859-60, p. 87 et tableau-annexe.
(2) Rapport du Min. des finances de 1860, p. 85.

institution. Parmi les bienfaits de cet acte, nous devons
donc compter celui d'avoir défini nettement le caractère des
Monts-de-piété et déterminé leurs bases, en y introduisant
le système et l'ordre qu'ils présentent actuellement.

D'après la loi et les règlements, les Monts-de-piété, créés
aux termes de ses dispositions, ne peuvent faire d'autres
opérations que celles de prêts sur gage mobilier, l'intérêt devant
être fixé par le gouvernement chaque année et le terme
ne pouvant pas dépasser neuf mois. Etablissements d'utilité
publique, autorisés à recueillir des dons et legs, ils ont
été déclarés exempts des impôts du timbre et de transmission
causâ mortis, comme les Caisses d'épargne.

A côté de ces institutions et en ce qui concerne les sociétés
anonymes et toutes autres, ainsi que les individus qui vou-
draient établir des maisons de prêt sur gage, la loi et les
règlements les ont tous soumis à l'autorisation et à la tenue
régulière des écritures, sous des peines sévères.

La loi n'a donc fait aucune exception quant au prêt sur nantissement au régime de la liberté de l'industrie. C'est là, du
reste, un point de notre droit administratif, qui a été tranché
dernièrement par un avis du Conseil d'Etat : « les Monts-de-
« piété, dit-il, peuvent être fondés par le gouvernement,
« mais ils peuvent naître de l'initiative individuelle et consti-
« tuer des établissements privés, sans le caractère d'institutions
« purement de bienfaisance, pourvu qu'étant des sociétés
« de commerce, ils se soumettent aux prescriptions que la
« loi impose dans l'intérêt des classes pauvres, et qui
« trouvent une compensation dans les avantages que leur
« offre la loi et dans le caractère moral qu'elle leur attribue.
« La loi de 1860 permet, non-seulement, comme nous
« venons de montrer, les Monts-de-piété privés, soumis aux
« clauses de bienfaisance, mais elle tolère des maisons ou
« bureaux privés, qui exercent l'industrie du prêt sur gage,
« en leur prescrivant certaines formalités et en les plaçant
« sous la surveillance de la police » (1). Les Monts-de-piété
peuvent donc être fondés, soit par l'Etat, soit par l'initiative

_____

(1) Sect. des F., Déc. du 27 sept. 1876. *Coll.* p. 247, 251. — Dans
le même sens, même Section, Déc. du 23 janv. 1869, *Coll.* p. 379.

directe de particuliers, soumis cependant les uns et les autres aux conditions organiques de la loi et des règlements.

D'un autre côté, l'industrie du prêt sur gage est libre, mais elle ne peut s'exercer que selon les conditions de capacité et de moralité déterminées par la loi et les règlements et sous la surveillance de l'autorité publique. Les institutions officielles se sont déjà plaintes de la concurrence que leur faisaient les établissements privés, et ce fut justement à cette occasion que le Conseil d'Etat établit la jurisprudence que nous venons d'exposer. Mais cette concurrence est inévitable et, sans doute, à la longue, préférence sera donnée par le public aux premières.

Aux termes de la loi de 1860, le Gouvernement s'empressa de créer à la capitale de l'Empire le Mont-de-piété, ce que eut lieu par le décret du 12 janvier 1861, remplacé par celui du 8 avril 1871, qui a été expédié dans la forme des règlements d'administration publique (1).

D'après ce règlement, le Mont-de-piété est annexe (et il l'a toujours été) à la Caisse d'épargne, et, comme celle-ci, il opère sous la garantie du gouvernement. Outre cela, il jouit, comme la Caisse d'épargne, de l'exemption des impôts, du timbre et de la transmission *causâ mortis*, ayant du reste la faculté d'accepter des dons et des legs. Son but étant de prêter de l'argent sur gage moyennant un intérêt modique, il lui est expressément défendu de se livrer à toute autre opération.

Dernièrement, lors de la fondation des Caisses d'épargne provinciales, le règlement du 18 avril 1874 créa aussi un Mont-de-piété dans le chef-lieu de chaque province, annexe à la Caisse d'épargne, tous dans le même but, sous la même garantie et avec les mêmes exemptions que le Mont-de-piété de la capitale.

§ 2. — *Administration.*

Nous avons déjà vu les motifs qui déterminèrent l'adoption du système d'annexion des Monts-de-piété, aux Caisses d'épargne, tant à la capitale que dans les provinces.

(1) *Voy.* C. d'E., Sect. des F., Déc. du 1er av. 1871, *Coll.* p. 16.

Aussi sous le régime actuel la direction et l'administration supérieure, c'est-à-dire le Conseil fiscal, ainsi que les employés, comme le gérant, caissier et autres subordonnés de chaque Mont-de-piété, sont les mêmes que ceux de la Caisse d'épargne, à laquelle il est annexé. Les écritures sont tenues aussi par les mêmes employés, mais dans des livres distincts et appropriés aux affaires de chaque établissement.

Outre les employés de la Caisse d'épargne, il existe un agent spécial rendu nécessaire par la nature des opérations du Mont-de-piété. C'est l'*appréciateur*, attaché spécialement à cet établissement, et qui est assujetti à fournir un cautionnement fixé par le Conseil fiscal, sans quoi il ne pourrait pas entrer en fonctions; sa mission consiste à estimer les objets, qui sont offerts en nantissement et d'en faire connaître la valeur aux parties d'abord, et puis au gérant, ainsi qu'au caissier pour la conclusion du contrat. L'appréciateur est responsable envers le Mont-de-piété, aux termes du droit commun, des suites de l'estimation.

§ 3. — *Ressources.*

D'après la loi et les règlements la dotation des Monts-de-piété et les fonds employés à leurs opérations se composent :

1º De dons et legs.

2º De subventions accordées par l'Etat ou les provinces.

3º D'amendes, excédents ou *bonis* aux Monts-de-piété ou versés par les maisons de prêt sur gage, et d'autres recettes semblables.

4º De souscriptions.

5º D'emprunts faits aux particuliers avec ou sans intérêt.

6º D'emprunts faits aux provinces avec ou sans intérêt et dont le remboursement doit être effectué au moyen des bénéfices de l'établissement.

7º D'emprunts faits au gouvernement jusqu'à concurrence de la somme déposée au Trésor au compte des Caisses d'épargne, des caisses des retraites, ou des sociétés de secours mutuels.

Les fonds, quelle que soit leur origine, doivent être placés en compte courant dans la caisse de l'Etat ou en bons du Trésor, et dans les provinces dans les banques, ou s'il n'y en a pas, dans les caisses des Trésoreries ; ils produisent des intérêts capitalisables à la fin de chaque semestre.

Les bénéfices de chaque année doivent être incorporés au capital du Mont-de-piété, tant que le gouvernement ne jugera pas ce capital suffisant pour le but auquel il est destiné ; dans le cas contraire, ils pourront être attribués aux établissements de charité ou de bienfaisance désignés par le gouvernement.

Le règlement de 1871 recommande enfin, particulièrement au Conseil fiscal d'équilibrer autant que possible la recette avec la dépense, en élevant ou en réduisant à cet effet le taux de l'intérêt.

Quelques mots maintenant sur l'application pratique de ces dispositions.

Une des premières mesures prises par le Corps législatif après la publication de la loi de 1860 a été de doter le Mont-de-piété de ressources pour ses opérations ; on attribua donc au capital de l'établissement 1 % de l'impôt sur les loteries (1). En même temps, et dès le commencement, on a appliqué aux opérations du Mont-de-piété les dépôts de la Caisse d'épargne et un prêt même lui a été fait par le gouvernement sur les sommes versées au Trésor par la même Caisse, et ce, aux termes de la loi de 1860, art. 2 § 19.

Installé en novembre 1861, ainsi que la Caisse d'épargne annexe, l'institution a trouvé dans ces ressources et dans ses bénéfices des éléments pour remplir sa mission principale, et pourvoir aux frais de gestion des deux établissements. Vers le commencement de 1865 elle pouvait se passer des dépôts de la Caisse d'épargne, et dans une époque d'embarras financiers du pays le produit de la subvention de 1 % a été appliqué (depuis novembre 1867) aux dépenses ordinaires de l'Etat. Plus tard, en 1873, afin de baisser le taux de l'intérêt à 6 % le Mont-de-piété réclama l'arriéré de la subvention, et le gouvernement le lui remit, ainsi que le montant intégral de la subvention depuis cette époque.

Dernièrement la création des Monts-de-piété dans les chefs-lieux des provinces exigea d'autres mesures. Pour les frais

(1) L. du 27 sept. 1860, art. 9, § 45.

d'installation et la formation du capital des nouvelles institutions, le gouvernement était autorisé à leur accorder une quote-part ou même tout le produit de la subvention de 1 %. Celle-ci étant insuffisante, et comme les Monts-de-piété devaient s'installer, des hommes dévoués et les caisses du Trésor des provinces vinrent généreusement en aide à ces établissements. Peu après le Corps législatif autorisa des prêts aux Monts-de-piété des provinces sur le compte des dépôts versés au Trésor par la Caisse d'épargne de la capitale, jusqu'à la somme de 2,500,000 fr. (1) Le gouvernement s'empressa non-seulement d'exécuter cette loi, mais encore d'autoriser aussi des prêts sur les sommes déposées aux Caisses d'épargne des provinces. Enfin le produit de la subvention de 1 % depuis juillet 1876, a été attribué de la manière suivante : 1/3 au Mont-de-piété de la capitale et 2/3 aux Monts-de-piété des provinces.

Telles sont les mesures qui viennent d'être prises dans l'intérêt de ces établissements. « Institutions nouvelles et peu connues de la généralité de la population, disait le Ministre des « Finances, en parlant des Monts-de-piété des provinces, la Caisse « d'épargne et le Mont-de-piété ne pourront se développer que » lentement. Le mouvement peu accentué des opérations des « Monts-de-piété ne leur a pas fourni les moyens de pourvoir aux frais indispensables, et ceux-ci ont été faits aux « dépens du capital. On peut espérer toutefois qu'aussitôt « qu'on appréciera son avantage, l'institution aura des « éléments de prospérité et exercera une influence bienfaisante sur les classes peu favorisées de la fortune, en « leur imprimant des habitudes de travail et d'économie, « en excitant l'espoir d'un meilleur avenir et en les protégeant dans les situations pénibles contre les exigences de « l'usure. » (2).

§ 4. — Opérations.

» L'opération fondamentale des Monts-de-Piété consiste à « prêter de l'argent sur gages, moyennant des intérêts. »

(1) L. du 22 sept. 1875, art. 12, § 2.
(2) *Rapport* du Min. des Finances, 1er de 1877, p. 95.

L'auteur qui s'exprime ainsi (1) ajoute qu'elle se décompose pratiquement en plusieurs opérations qui en sont le corollaire et qu'elle a aussi divers effets. Ces opérations, ainsi que les effets, sont réglés très en détail par nos règlements.

Le taux de l'intérêt est fixé à la capitale par le Conseil fiscal, chaque semestre ou lorsqu'il lui semble convenable, mais toujours dans les limites tracées par le gouvernement, et dans les provinces par celui-ci sur la proposition du Conseil fiscal. « Quoique modique, disent les règlements, il doit « être tel qu'il puisse suffire aux frais de l'établissement et « à payer l'intérêt du capital employé dans ses opérations. »

Le taux d'abord fixé semblait contraire à l'esprit de l'institution. « Si le Mont-de-piété, remarquait un de nos fonc- « tionnaires les plus distingués, doit d'après le décret de sa « création prêter à un intérêt modique, on ne peut pas dire « que ce but philanthropique soit rempli d'accord avec les « intentions bienveillantes qui l'ont déterminé, lorsque les « prêts se font au taux élevé de 10 % par an. Ainsi détournée « de son but la loi ne produit certes pas les résultats favora- « bles qu'on en devrait recueillir » (2). Le gouvernement s'empressa d'adopter une opinion si autorisée, qui fut du reste appuyée par le Conseil fiscal, et le taux de l'intérêt a été baissé à 6 %; cependant cette mesure n'a pas eu de conséquences remarquables.

Les prêts du Mont-de-piété ne se font pas gratuitement. Le Conseil fiscal de la Caisse centrale proposa au gouvernement d'introduire au Mont-de-piété la gratuité quant aux sommes minimes, mais le Conseil d'Etat se prononça contre cette opération; « d'abord parce que l'expression *somme* « *minime* était extrêmement vague; puis par la difficulté, « sinon l'impossibilité de distinguer les déposants qui de- « vraient mériter cette faveur. La préférence donnée à l'un « provoquerait des plaintes, bien ou mal fondées, contre « l'administration; une pareille mesure contribuerait beau- « coup à altérer l'institution du Mont-de-piété, en excitant la

(1) DALLOZ, *Rép.* v. *Monts-de-piété.*
(2) *Voy.* Exposé du conseiller Tolentino, membre du Conseil fiscal, *Coll.* Colin, 1873, p. 176, Le taux de l'intérêt était même de 12 %, lorsque la somme à prêter montait à 1250 fr. ou plus.

« fièvre des prêts gratuits dans un but inconciliable avec
« l'esprit de charité, qui motiva sa création (1). » Le gouvernement donc n'autorisa pas le prêt gratuit dans le nouveau
règlement.

Passons maintenant aux opérations nécessaires pour le contrat qui intervient entre l'emprunteur et l'établissement :

Les mineurs, les esclaves et les interdits, à moins d'être
dûment représentés, ne peuvent être admis à déposer des
nantissements.

Les prêts ne peuvent être inférieurs à 12 fr. 50 c., ni supérieurs à 375 fr. sans le consentement du gérant ; dans ce
cas, ils ne doivent pas être faits à des personnes inconnues
ou qui ne soient pas domiciliés dans la ville. Dans les provinces,
le maximum est de 250 fr., s'il n'y a pas de fonds suffisants,
mais les prêts supérieurs à 125 fr. dépendent du consentement du gérant. En tout cas, nul n'est admis à déposer des
nantissements, s'il n'est connu ou domicilié dans la ville.

Le montant des sommes à prêter sera réglé aux 3/4 du
prix de l'estimation des effets. Ceux-ci ne consisteront, provisoirement, que dans des bijoux d'or et d'argent, perles et
pierres précieuses (diamants, émeraudes, rubis et saphirs) ;
dans les provinces on n'admet que les bijoux et les diamants.
Quelques-uns des Conseils ont demandé l'autorisation d'admettre le nantissement des rentes, des actions des banques
et sociétés, des livrets des Caisses d'épargne et d'autres
effets ; même à faire des opérations d'avances d'appointe-
ments, pensions de retraite et autres, mais le gouvernement
s'est refusé à cela, à cause de la nature de l'institution et
parce que le règlement défend toute opération excepté le prêt
sur gage (2).

Tout déposant est tenu de signer l'acte de dépôt, ou son
répondant, s'il est illetré ; sont exceptés de cette formalité,
à la capitale, les actes de dépôt inférieurs à 125 fr.

Lorsque des doutes s'élèvent sur la légitimité de la pos-
session ou sur le droit de disposition des effets, le prêt doit

(1) Sect. des F., Déc. du 1er av. 1871, *Coll.* p. 16.
(2) *Rapport* du Min. des finances, 1er de 1877, p. 94. — *Voy.* aussi
Déc. cité du 23 janvier 1869.

être suspendu et la police informée ; les effets suspects sont retenus.

Le dépôt étant jugé admissible, on procède à l'estimation des effets et au règlement de la somme à prêter sur leur valeur d'après les bases suivantes :

I. Le terme ne peut pas dépasser 9 mois, sauf la faculté pour l'emprunteur de dégager avant ce terme ses effets, en payant le principal et les intérêts, jamais moins de 1 % de la somme prêtée ;

II. On délivre à l'emprunteur la reconnaissance, preuve du contrat ; celle-ci n'est pas transmissible par endossement, et d'après le système de la loi de 1800 et ses règlements elle ne peut pas être *au porteur*.

A l'expiration du terme le renouvellement est permis pour 6 mois sous les conditions du paiement des intérêts dûs à raison du premier prêt et de réappréciation pour les effets de droit. « Ce ne sera que dans des cas très-particuliers, « ainsi s'exprime le règlement de 1874, qu'on pourra ac- « corder un autre renouvellement pour 3 mois sous les mêmes « conditions. »

Depuis 1878 une innovation a été introduite à la Caisse d'épargne de la capitale ; celle de la caisse d'à-compte, qui facilite aux emprunteurs, au moyen de cette comptabilité spéciale, le moyen de se libérer par le paiement d'à-comptes successifs de 2 fr. 50 c. ou multiples, auxquels on alloue l'intérêt de 6 %.

L'emprunteur a le droit de dégager les effets jusqu'au dernier jour utile avant celui fixé pour la vente, en payant le principal et les intérêts.

Après ces prescriptions, les règlements s'occupent de la perte des reconnaissances, de la perte ou avarie des effets, enfin de la revendication des objets. Ces règles, comme plusieurs autres, ont été empruntées au règlement général annexé au décret du 8 thermidor an XIII, avec quelques modifications.

En cas de perte de la reconnaissance, on ne pourra pas retirer le nantissement avant l'échéance et sans fournir un cautionnement, dont le Conseil fiscal à la capitale peut tou- tefois dispenser après délibération. La déclaration faite et la formalité des affiches remplie, on pourra délivrer à l'emprunteur un duplicata de la reconnaissance.

En cas de perte des effets dans le Mont-de-piété, le caissier est tenu d'en payer la valeur au propriétaire au prix d'estimation et un quart en sus à titre d'indemnité.

En cas d'avarie des effets au Mont-de-piété, le propriétaire a le droit de les abandonner moyennant le prix fixé lors du dépôt, si mieux il n'aime les reprendre et recevoir en indemnité le montant de la différence entre ce prix et leur valeur actuelle. Des experts seront alors nommés l'un par le propriétaire et l'autre par le caissier, responsable de l'indemnité; en cas de partage, le directeur de service en nommera un troisième, qui doit adopter une des deux opinions émises, et vider ainsi la question.

En cas de revendication pour cause de vol ou dépôt illégal des effets, le Conseil fiscal doit délibérer sur les mesures nécessaires afin d'éviter tout préjudice au Mont-de-piété, pouvant même forcer l'appréciateur et le caissier, en cas de fraude, dol ou négligence, à la réparation du dommage.

Les effets non dégagés à l'expiration du terme, après des affiches pendant 10 jours à la capitale, et 15 jours dans les provinces, sont vendus aux enchères publiques, par des commissaires priseurs, pour le compte du Mont-de-piété, jusqu'à concurrence de la somme due en principal, intérêts et frais; l'excédant ou boni du produit de la vente est conservé à la disposition de l'emprunteur.

La déchéance de cinq années en matière de dettes de l'Etat a été appliquée par les règlements aux excédants ou bonis existant aux Monts-de-piété : les bénéfices provenant de ces excédants ou bonis tombés en déchéance chaque année sont incorporés au capital de l'établissement. D'après le règlement du 14 novembre 1860, spécial pour les maisons de prêts sur gage, l'excédant ou boni doit être versé dans les Caisses d'épargne ; les règlements sur les Monts-de-piété exigent que l'excédant ou boni soit porté sur les livres de ces établissements et leur déclarent applicables toutes les dispositions sur les excédants ou bonis au Mont-de-piété et conséquemment la prescription libératoire.

§ 5. — *Comptabilité.* — *Responsabilité.* — *Liquidation.* — *Contentieux.*

Les règles que nous avons résumées à l'égard des Caisses d'épargne sont ici applicables à cause surtout de l'annexion de ces établissements.

D'après la loi et les règlements, en cas de liquidation et d'extinction d'un Mont-de-piété, une fois les créanciers payés quels qu'ils soient, Etat ou particuliers, le capital excédant doit être distribué aux institutions de charité de la capitale de l'Empire, ou de chaque province, selon la désignation qui en aura été faite par le gouvernement.

Quant aux affaires contentieuses : elles appartiennent en principe aux tribunaux civils, sauf les exceptions dont nous avons fait mention, en parlant des Caisses d'épargne. Mais il faut remarquer que les maisons de prêts sur gages sont soumises à la juridiction commerciale, et qu'à l'égard des infractions à la loi et aux règlements sur les institutions et établissements de prêts sur nantissement, quels qu'ils soient, il y a des règles spéciales de compétence, que nous indiquerons plus loin.

§ 6. — *Renseignements statistiques.*

D'après les derniers rapports du Ministère des finances, le revenu du Mont-de-piété central a été de 160,000 fr., y compris les intérêts des sommes placées au Trésor, et la dépense s'est élevée à 130,000 fr. y compris les frais de la Caisse d'épargne et de ses agences. A la suite des opérations qui eurent lieu en 1876, le capital de l'établissement à la fin de cette année s'élevait à 2.573.000 fr.

Le tableau suivant nous fait voir la marche des opérations des Monts-de-piété dans les périodes indiquées depuis sa création jusqu'au 31 décembre 1876.

ANNÉES.	PRÊTS.	PAIEMENTS.	INTÉRÊTS.	DÉPENSES DES ÉTABLISSEMENTS.
1861	88,442	10,440	1,802	47,287
1866	2,030,560	1,790,800	106,602	47,735
1871	1,650,640	1,571,790	101,600	96,397
1876	1,667,417	1,790,290	90,845	125,047

Enfin, renforcé du produit de la subvention de 1 % des deux exercices, le solde du compte courant de l'établissement avec le Trésor était au 30 avril 1877 de 1,880,000 fr.

§ 7. — *Maisons de prêts sur gage.*

C'est la loi de 1800, art. 2 § 23 qui a soumis les maisons de prêt sur nantissement à l'autorisation légale. « Les sociétés « de toute espèce, porte-t-elle, et les personnes qui établiront « des maisons de prêts sur gage sans autorisation préalable, « où qui l'ayant obtenue ne tiendront pas les écritures régulière- « ment dans la forme prescrite par les règlements du gouverne- « ment, outre les peines comminées au § 1er (amende) et « celles du Code pénal, seront passibles de la peine d'arrêts « de 2 à 6 mois, qui leur sera appliquée par l'autorité de « police. »

Un règlement d'administration publique, daté du 14 novembre 1860, a édicté les dispositions complémentaires de cet article.

Aucun individu, quel que soit sa condition, ou société quelconque, n'importe sous quelle dénomination, ne pourra, d'après ce règlement, établir ou tenir maison ou bureau, où l'on fasse habituellement des prêts sur gage, sans autori- sation légale, sous peine de 2 à 6 mois d'arrêts, d'une amende de 2,500 à 12,500 fr. et du retrait d'autorisation, si la société est anonyme.

L'autorisation, est spéciale ; elle n'est accordée par le Ministre de la Justice à la capitale et par les présidents dans les provinces que moyennant cautionnement et des preuves de moralité et de capital suffisant pour l'entreprise. Sont exceptés de cette autorisation les Monts-de-piété et les sociétés anonymes approuvées.

Immatriculation des établissements aux secrétariats de police ; tenue régulière des écritures selon les modèles règlementaires et sous les peines mentionnées ; forme des reconnaissances, qui ne peuvent pas être au porteur ; formalités de la vente du gage, qui doit être toujours publique ; compétence des tribunaux correctionnels pour les infractions concernant l'auto- risation ou la tenue des écritures ; compétence administrative pour les autres infractions, qui ne sont passibles que d'amendes, sans préjudice de la poursuite criminelle pour violation de la loi pénale, attribution du produit de toutes amendes aux Monts-de-piété, ou s'il n'y en a pas, aux institutions de charité, telles sont en larges traits les dispositions principales du règlement sur cette matière. Les prescriptions de ce règlement, dans la partie relative à la tenue des écritures, aux effets donnés en nantissement et à la surveillance de l'autorité publique, comprennent aussi les Monts-de-piété, ainsi que les sociétés anonymes, qui feront des opérations de prêts sur gage.

Quant au nombre de ces maisons existant dans l'empire (sans parler des sociétés anonymes) nous avons peu de renseignements. D'après le rapport du Ministre de la Justice de 1875 il y en avait à la capitale, six, dont une se trouvait en liquidation ; ce nombre aujourd'hui ne doit pas, croyons-nous, dépasser dix. Quelques-unes de ces maisons, ajoute le rapport, ont déjà, aux termes du règlement versé à la Caisse d'épargne les excédants ou bonis du produit de la vente des nantissements.

SECTION III.

SOCIÉTÉS DE SECOURS MUTUELS.

Dans les dernières sections de cette notice, plus encore que dans les premières, nous serons forcés, malgré nous, de résumer nos observations. Ce n'est pas, tant s'en faut, que le sujet ne soit susceptible d'un long développement, mais les éléments nous manquent pour la généralité; les statuts des sociétés quelles qu'elles soient, ne se trouvent qu'exceptionnellement dans les recueils des lois et décrets, jusqu'à une époque récente. La vie intime des associations, dont nous allons nous occuper; leur avoir et leurs œuvres; la manière dont elles furent administrées; leur influence enfin et leur destinée, n'ont été l'objet que d'une publicité restreinte, faite dans des journaux non officiels. Elles n'ont pu ainsi, malheureusement, laisser de traces appréciables. Nous nous bornerons donc à exposer les conditions actuelles de leur organisation d'après la loi et les règlements qui les régissent.

Si l'on voulait faire l'historique des sociétés de secours mutuels on serait conduit à parler, avant tout, des corporations d'arts et métiers. Mais nous nous trouverions encore arrêté par l'absence des documents tant soit peu complets concernant cette matière (1). Le Portugal, suivant l'esprit et les mœurs de l'époque a eu ces corporations d'arts et métiers comme, d'autres pays de l'Europe; il en a été de même pour le Brésil, sa colonie; elles étaient, pour ainsi dire, une partie intégrante du système municipal, développé de bonne heure dans notre patrie. L'essence de ces associations était la confraternité et la représentation publique, mais il y avait aussi de la mutualité; les confréries religieuses qu'elles formaient ou auxquelles elles se joignaient devaient resserrer les liens qui ratta-

(1) SORIANO, *Guerra civil*, 1, p. 155; COELHO DA ROCHA, *Historia*, p. 138 et 204; DIOGO FORJAZ, *Annotações*, Introd., p. XVII et BALTHAZAR, *Annaes*, vol. IV, p. 210, V, p. 224.

chaient les membres d'une même profession. Aussi en face
de l'organisation hiérarchique des industriels d'autrefois il y
a de bons esprits qui pensent que le juge (*juiz do povo*) et
les maîtres (*mestéres*), siégeant et délibérant dans le conseil
communal, et cette bannière sainte autour de laquelle se
rangeaient les ouvriers du même métier étaient réellement quelque chose de plus populaire, soutenant mieux les libertés
individuelles et locales, que l'égalité apparente des droits de
tous sous la pression toute puissante de l'autorité centrale (1).

La Constitution de l'Empire (25 mars 1824), s'inspirant
des idées modernes, a cru au contraire que les corporations
d'arts et métiers étaient la négation de la liberté individuelle ;
non-seulement elle a proclamé celle-ci, sous la seule réserve
de la sûreté et de la santé publique, mais elle a aboli com-
plétement *les corps de métiers, leurs juges, greffiers et maîtres*
(art. 179, § XXV).

L'élément religieux, qui exerçait déjà une grande influence,
remplaça alors presque exclusivement l'autorité des statuts.
Le Tiers-ordre et la Confrérie suffirent aux métiers et les
protégèrent, comme elles le protègent encore, et même lar-
gement dans les jours de l'adversité.

Mais les associations de secours mutuels devaient tôt ou tard
se fonder ; l'initiative individuelle était libre. Le mouvement
a été d'abord très-peu accentué. Ce n'était pas, tant s'en
faut, le principe de l'autorisation gouvernementale qui l'ar-
rêtait. D'abord la nécessité de l'approbation des statuts était
bien dans le texte légal, mais on ne l'observait pas ; puis le
Code pénal (1830) fut interprété d'une manière large et li-
bérale, et comme il n'exigeait l'intervention de l'autorité
publique que pour les sociétés secrètes (art. 282), on a déclaré
que toutes les autres associations étaient en dehors de l'action
officielle. Les associations s'organisaient donc sans aucun contrôle, et quant aux clauses statutaires, elles ne dépendaient
que des inspirations de leurs fondateurs. Ainsi, jusqu'à la
loi de 1860, déjà citée, les renseignements nous manquent
sur les sociétés anonymes ou sous la forme anonyme, car

(1) FORJAZ, *Economia politica*, II, p. 113.

3

les statuts ne figurent pas, en règle générale, dans les documents de l'administration publique (1).

Dans cette première époque qui commence, à vrai dire, vers 1831, nous trouvons déjà plusieurs sociétés de secours mutuels et aussi de bienfaisance, qui ont été fondées de bonne heure, tant à la capitale de l'Empire que dans les provinces, et qui se rapprochent plus ou moins du type actuel. Il y en avait de toute sorte, mais c'étaient en général des associations de personnes de la même profession ou métier. Les colonies étrangères en ont fondé aussi, entre autres la Portugaise, qui a même construit l'hôpital pour ses malades, un des plus beaux monuments de la capitale. L'objet des sociétés était en général le même ; des secours aux associés en cas de maladie et d'infirmité, et le paiement des frais funéraires, ainsi que dans la plupart des cas la promesse de pensions aux veuves et aux orphelins, promesse aussi charitable qu'imprudente, car souvent elle ne s'appuyait pas sur des bases et des calculs sérieux. Quelquefois on songeait même à l'assistance judiciaire, rarement à procurer de l'ouvrage pour les associés qui en étaient privés. De toutes ces sociétés nous ne ferons mention nominale que de deux : celle des musiciens (*Sociedade de Musica*), fondée en 1834, car on lui doit la fondation du Conservatoire, et celle des secours mutuels entre les employés de la douane (*Auxilio mutuo dos empregados da alfandega*), fondée en 1838 et qui a duré environ quinze ans ; c'est là un exemple digne d'être suivi dans les différents bureaux et départements.

Passons maintenant aux dispositions qui régissent actuellement ces associations.

La loi de 1860 songea aussi aux sociétés de secours mutuels ; elle les soumit d'abord à l'autorisation du gouvernement à la capitale et des présidents dans les provinces, mais elle leur accorda aussi des faveurs. Celles qui seraient fondées aux termes de la loi auraient le caractère d'établissements

(1) Quant aux sociétés anonymes, elles ont été réglementées la première fois par un Décret du Gouvernement du 40 janvier 1849, puis par le Code de commerce (1850), et enfin par la loi du 22 août 1860 et ses dispositions complémentaires.

d'utilité publique, jouiraient de l'exemption du timbre et de la faculté d'accepter des dons, et legs, et pourraient verser leurs fonds en compte courant au Trésor, comme les Caisses d'épargne (1).

Le règlement du 19 décembre 1860 développa ces bases.

Les règles adoptées pour l'autorisation et l'approbation des statuts des sociétés de secours mutuels sont, en général, les mêmes que celles prescrites pour les sociétés anonymes ou sous la forme anonyme ; nous les résumerons.

La demande en autorisation doit être remise par les fondateurs ou sociétaires au Ministre de l'intérieur, qui dans cette matière est l'autorité compétente, à la capitale, et aux présidents dans les provinces, accompagnée du projet des statuts même sous-seing privé.

Ces statuts devront, comme ceux des sociétés anonymes ou sous la forme anonyme, faire connaître le but de la société, son nom, sa durée, la circonscription dans laquelle elle exercera ses opérations, les attributions des administrateurs, les pouvoirs réservés à l'Assemblée générale, l'époque des comptes ; enfin, mention expresse doit y être faite des dispositions spéciales de la loi de 1860 relatives à l'administration des sociétés anonymes ou sous la forme anonyme (2).

Outre cela les statuts des sociétés de secours mutuels devront particulièrement indiquer :

1° Les conditions d'admission et d'exclusion des sociétaires, avec le nombre de ces sociétaires.

2° Les cas où les secours devront être accordés, la manière de les distribuer, le montant et la surveillance à exercer dans de pareilles circonstances.

3° Le montant, l'époque du paiement et le mode de perception de la cotisation, ainsi que les peines à appliquer aux défaillants ou retardataires.

4° Le mode de placement du fonds social.

5° Le mode d'administration de la société et les conditions

(1) Elles sont aussi exemptes des impôts de patente et de transmission *causâ mortis.*

(2) Cependant dans la pratique cette dernière disposition n'est pas observée qu'à l'égard de banques ; Av. du C. d'E., Déc. du 12 juillet 1876.

de la nomination ou éligibilité des membres qui doivent la composer.

Le règlement du 19 décembre prescrivait que le président des Sociétés de secours mutuels serait nommé par Décret Impérial à la capitale et par le président dans les provinces. Cette disposition a été et devait rester lettre morte dans la pratique ; à peine le gouvernement, en approuvant les statuts, s'est réservé quelquefois le droit de nommer le président, quand les circonstances l'exigeraient. Enfin un Décret du 17 octobre 1872 l'a rapporté, en déclarant que la nomination des présidents de ces associations appartiendrait aux assemblées générales des sociétaires, selon les règles fixées par les statuts.

Les statuts sont approuvés par Décret rendu dans la forme des règlements d'administration publique, c'est-à-dire après avis et examen du Conseil d'Etat ; c'est la section des affaires de l'intérieur qui ordinairement est entendue, les autres sections et même l'assemblée générale du Conseil d'Etat pouvant l'être aussi à cette occasion. Dans le Décret Impérial on doit déclarer, si toutefois les statuts ne l'ont pas prévu, l'époque où les opérations pourront commencer ; le montant du fonds social nécessaire à cet effet ; la peine de retrait de l'autorisation, en cas de violation des statuts quant à l'objet de la société, c'est-à-dire si elle se livre à d'autres opérations que celles qui auront été autorisées, ou en cas d'une direction et administration tout-à-fait contraire aux statuts ou à la loi ; introduire enfin toute clause que le gouvernement jugera utile ou nécessaire pour garantir l'intérêt des sociétaires.

Les associés qui contreviendraient à la nécessité de l'autorisation, s'exposeraient à être punis de la peine portée par la loi, à savoir : amende de 2,500 à 12,500 francs.

Une fois les statuts approuvés, les associations n'étant pas même des sociétés civiles, ne sont pas soumises comme les sociétés commerciales, à l'enregistrement dans les Juntes de commerce des lettres patentes d'autorisation et des statuts ; il suffit pour remplir le but de la loi de les faire publier dans les journaux.

La publication étant faite, le Ministre de l'Intérieur à la capitale et les présidents dans les provinces, doivent déclarer la société légalement constituée. C'est alors seulement que les sociétaires pourront se réunir afin de nommer les administrateurs de l'association. L'omission de la publication des statuts entraîne l'application d'une amende de 250 à 2,500 fr.

Tant que le gouvernement ou les présidents de province n'auront pas déclaré une association légalement constituée, il ne peut être pratiqué aucun acte relatif aux affaires de l'association, et ce sous les peines portées contre les sociétés non autorisées.

Les dispositions que nous venons de mentionner sont, en général, applicables aussi au cas de prorogation ou de renouvellement des associations, sous la commination des mêmes peines.

Ajoutons que la loi a prononcé la responsabilité solidaire, envers les tiers, de ceux qui auront pris part directement ou indirectement à la fondation, ou des sociétaires qui auront pris part aux délibérations de la société, tant que celle-ci n'était pas constituée. Cette responsabilité s'étend aux amendes.

Quant aux objets que doivent se proposer les associations de secours mutuels, l'article 31 du règlement du 19 décembre porte : « Les Sociétés de secours mutuels auront seu-« lement pour but d'assurer des secours temporaires à leurs « sociétaires en cas de maladie ou d'infirmité, et de pourvoir « en cas de décès aux frais funéraires. » D'après le texte, il semblerait que cette énumération légale était limitative ; il est même permis de croire que la pensée qui l'a inspirée n'était que de resserrer le cercle des opérations de ces associations dans le but de favoriser par ce moyen d'un côté le développement des Caisses de retraite et de pensions viagères, et, d'un autre côté, les différentes combinaisons des assurances sur la vie. Mais les habitudes et l'administration elle-même interprétèrent l'art. 31 comme purement énonciatif ; aussi dans le grand nombre de sociétés autorisées par le gouvernement (nous ne savons pas ce qui s'est passé dans les provinces), on remarque dans les statuts bien des variétés sur le sujet qui nous occupe, et la plupart contiennent cette clause, ainsi que la promesse de secours et même de pensions aux veuves et aux familles des sociétaires décédés. Dans quelques statuts cependant on a compris la nécessité de se borner à des secours modestes et temporaires, et on s'est restreint à promettre seulement la création de caisses annexes de retraite et pensions (*montes pios*), comme on avait fait quelquefois, sous le régime antérieur à la loi de 1860 (1).

Telle est en larges traits l'organisation des associations de secours mutuels.

Ces sociétés sont autorisées par la loi à verser leurs fonds au Trésor et aux Trésoreries, qui doivent leur allouer un intérêt de 6 % depuis le jour du versement, capitalisable à la fin de chaque semestre civil. Le placement de ces fonds, d'après les statuts, est habituellement fait en rentes sur l'État.

Quant à la surveillance à exercer par l'autorité publique, elle a été organisée dans les règlements, mais pratiquement on laisse les sociétés agir le plus librement possible. Celles-ci cependant, sous peine d'amende (de 250 à 2,500 fr.), doivent publier leur bilan aux époques fixées dans les statuts, l'adresser au gouvernement et aux présidents de province et se soumettre à la surveillance des agents que le Ministre de l'Intérieur et les présidents peuvent nommer à cet effet, périodiquement ou extraordinairement, en communiquant à ces agents sans déplacement leurs livres et registres. La nomination des présidents des sociétés réservée au gouvernement et aux présidents des provinces a été, nous l'avons déjà dit, rapportée récemment.

La dissolution des sociétés a lieu aux termes du droit commun. Dans la plupart des statuts on a prévu la destination des fonds des sociétés dans cette circonstance, ainsi que le sort des pensionnaires. Le retrait de l'autorisation, qui emporte aussi la dissolution, peut être appliqué comme peine si les sociétés franchissent le cercle des opérations délimité par les statuts, ou si elles sont dirigées d'une manière évidemment contraire aux conditions et règles établies par la loi; dans ce cas, il y'aura lieu aussi à une amende de 2,500 à 12,500 fr.

L'application des amendes rentre d'après les règlements dans la compétence administrative; le Ministre de l'Intérieur est la juridiction; compétente recours de sa délibération peut être interjeté au Conseil d'État. Le produit des amendes

(1) *Voy.* par ex. les Statuts de l'association *Atheneo Artistico*, Déc. du 30 mars 1859.

est attribué quelquefois intégralement, d'autres fois par moitié aux Monts-de-piété, ou s'il n'y en a pas, à un établissement quelconque de charité, et l'autre moitié aux personnes qui auront provoqué la poursuite ou communiqué l'infraction à l'autorité publique.

En traitant de secours mutuels, on ne peut passer sous silence d'autres institutions et associations de cette espèce qui existent au Brésil. Nous voulons parler d'abord des Tiers-ordres et des Confréries (Ordens Terceiras, Confrarias e Irmandades), associations religieuses dont l'établissement dépend du concours des deux autorités civile et ecclésiastique. Les services de mutualité rendus dans l'Empire par ces associations à leurs « confrères » et même à tous les nécessiteux sont notoires; plusieurs entretiennent même, tant à la capitale de l'Empire, que dans les provinces, des établissements de charité extrêmement remarquables par leur grandeur monumentale et par l'excellent régime de leur administration.

La création, l'organisation et l'administration; les budgets et surtout les bonnes œuvres de ces institutions réclameraient à elles seules un travail très-étendu, et qui serait des plus intéressants (1).

Nous devons mentionner ensuite les loges maçoniques (lojas maçonicas), rangées par quelques auteurs, parmi nous, dans la catégorie des institutions purement de bienfaisance, mais que le Conseil d'État et l'administration considèrent, légalement parlant, comme des associations politiques, qui conservent le caractère de secrètes, tolérées par les lois de l'Empire. S'occupant, à l'heure qu'il est, exclusivement d'œuvres de bienfaisance et de charité, par les secours qu'elles prêtent non-seulement à leurs « frères » et aux familles de ceux-ci, mais à tout nécessiteux, en cas de maladie et autres, sans distinction de nationalité, on peut les assimiler sous ce rapport aux autres sociétés de secours mutuels.

(1) Voy. l'Empire du Brésil à l'Exposition Universelle en 1876, à Philadelphie. On y trouve des renseignements assez intéressants sur les hôpitaux et autres établissements de charité, sur les associations de charité et de bienfaisance, tiers-ordres, confréries, etc., et sur les caisses de retraite, p. 477-507.

CAISSES DE RETRAITE ET PENSIONS.
ASSURANCES SUR LA VIE.

I. *Montes Pios.* — « Ces Caisses, que nous appelons *Montes* « *Pios*, auront pour but, ainsi s'exprime l'article 28 du « règlement du 19 Décembre 1860, la création de capitaux « ou de pensions en faveur soit de ses sociétaires, pendant « la vieillesse, ou incapacité de service à cause de maladie, « soit de leurs ascendants ou descendants, ou fils adoptifs, « ou conjoints entre eux et les personnes de la famille en cas « de décès. »

À l'égard de ces associations, nous ferons remarquer d'abord que toutes les règles que nous venons d'exposer, relatives aux exemptions et faveurs, à l'organisation et à l'approbation des statuts, au versement des fonds au Trésor, à la surveillance, à la dissolution et au retrait de l'autorisation ainsi qu'aux amendes en matière de sociétés de secours mutuels, leur sont entièrement applicables. Les lettres patentes d'autorisation, comme celles de ces sociétés, ne sont pas soumises à l'enregistrement dans les Juntes de commerce, car elles ne sont que des associations civiles (1).

Outre les clauses communes aux statuts d'autres associations, le règlement du 19 décembre 1860 exige dans ceux des *Montes Pios* :

1° Les conditions d'admission des personnes qui contribuent et des bénéficiaires, ainsi que de leur exclusion ou élimination.

2° Le montant de la contribution qui doit être toujours proportionnelle au montant de la pension ou du capital et à la probabilité de la durée de la vie des déposants, le temps de la durée de la contribution, le mode et l'époque de la

(1) Arrêté du 21 août 1855.

perception, et les peines applicables aux défaillants ou retardataires.

3° Le montant de la pension ou capital, et les cas où
celle-ci doit cesser.

4° Le mode d'emploi du fonds social.

5° Le mode et les conditions de la nomination et éligibilité
de leurs membres.

La nomination du président de ces associations appartenait
aussi au gouvernement à la capitale et aux présidents dans les
provinces, et devait tomber toujours sur un de leurs membres,
mais cette disposition de l'article 29, § 5 du règlement du 19
décembre 1860, a été aussi rapportée] par le décret du 17
octobre 1872.

Nous avons vu quels étaient les objets de ces associations.
La même observation que nous avons faite à l'égard des
Sociétés de secours mutuels est ici applicable, c'est-à-dire
qu'on n'a pas considéré limitatif le texte de l'art. 29 du
règlement. Cependant, dans les associations approuvées par le
gouvernement on ne s'en est pas beaucoup éloigné.

En terminant ce qui concerne les *Montes Pios*, nous ne
devons pas passer sous silence deux grandes institutions de cette
espèce qui fonctionnent depuis longtemps à Rio de Janeiro,
mais dont les opérations s'étendent à tout l'Empire ; tel est
le crédit et la confiance qu'elles inspirent. Nous voulons parler
du *Monte-Pio dos Servidores do Estado*, fondé par un Décret
du 10 janvier 1835, dont le capital est d'environ 10,000,000 fr.,
et qui comme son nom l'indique est spécial aux serviteurs
de l'État, civils ou militaires, y compris ceux des provinces,
et du *Monte Pio Geral*, fondé en 1841, et qui, comme son
nom l'indique aussi, s'étend à tout individu, quel que soit
son rang, sa position et sa nationalité. D'après le dernier
bilan de cet établissement son capital, en rentes sur l'État,
s'élevait à 17,070,000 fr. au 31 décembre 1877. Pendant
cette année la recette a été de 2,108,998 fr. et la dépense
de 1,670,443. Le nombre des rentes servies était de 1,043,
représentant une somme totale de 1,652,493 fr. Celui des
personnes ayant constitué des rentes était de 1,274 pour
une somme de 6,028,350. Enfin depuis sa fondation cet

établissement, avait fourni des rentes s'élevant à un total de 16,555,968 fr. (1).

II. *Assurances sur la vie*. — Après avoir défini le caractère des *Montes Pios* le règlement du 19 décembre 1860 à déclaré, immédiatement après, qu'ils ne devaient pas être confondus avec d'autres institutions qui présentent une certaine affinité, avec eux. « On ne pourra pas considérer *Montes Pios*, ainsi « s'exprime l'article 30 de ce règlement, les sociétés d'assurances « sur la vie, quelle que soit leur espèce ; les tontines et toute « autre société dont le but soit de répartir des bénéfices « aléatoires », et puis il prescrit la nécessité de l'autorisation et de l'approbation des statuts de ces sociétés.

Avant ce règlement, l'assurance sur la vie était déjà pratiquée dans l'Empire ; elle n'a jamais été l'objet d'aucun préjugé défavorable, et d'un autre côté l'article 686 de notre code de commerce (1850) n'atteignait que les contrats par lesquel on aurait voulu confondre les personnes dans l'assurance des marchandises. Aussi le règlement de 1860 a-t-il compris dans l'énumération des sociétés, dont il avait à régler l'autorisation, celles prévues par l'art. 30.

Le système de la loi de 1860 et de ses règlements, excepté dans ce qui a trait aux institutions dont nous nous sommes occupé, a été de prescrire l'autorisation et l'approbation des statuts, ainsi que quelques règles sur l'administration des sociétés anonymes ou sous la forme anonyme ; mais de laisser pour tout le reste le champ tout-à-fait libre aux inspirations des fondateurs ou des sociétaires. On voit donc combien ce système peut se prêter à la multitude de combinaisons dont est susceptible l'assurance sur la vie (en cas de décès et en cas de vie) ; et en effet nous aimons à constater ici que nous avons déjà plusieurs sociétés, entre autres la

(1) Le Corps législatif et le Gouvernement ont toujours beaucoup favorisé les *Montes Pios*; aussi ils ont la faculté de recueillir des dons et des legs ; ils sont exempts du timbre et des impôts de patente et de transmission *causâ mortis*. Dernièrement, le Corps législatif a déclaré même insaisissables les rentes servies par ces institutions, quel qu'en soit le montant. (Loi du 27 octobre 1877).

Popular Fluminense, approuveés par le gouvernement, qui ont fait une heureuse application de la liberté laissée par la loi à la rédaction des clauses statutaires.

Ajoutons enfin que toutes les règles que nous avons exposé en traitant des sociétes de secours mutuels, sur l'autorisation et l'approbation des statuts, leur publication, responsabilité des fondateurs, surveillance, dissolution, retrait d'autorisation et amendes, sont applicables aux compagnies anonymes dont parle l'article 30 du règlement du 19 décembre 1860.

Mais il faut remarquer que l'autorisation et l'approbation des statuts appartient dans ce cas, exclusivement au gouvernement et ne peut pas être accordée par les présidents de provinces, comme cela se pratique pour d'autres sociétés. Les statuts doivent être enregistrés dans les justes de commerce ; l'assurance sur la vie, quelle que soit son espèce, rentrant toujours, d'après la jurisprudence des tribunaux, dans la compétence commerciale (1).

En résumé, Caisses d'épargne avec les Monts de piété annexes, Sociétés de secours mutuels, Caisses de retraite et pensions viagères et assurances sur la vie, telles sont les institutions de prévoyance qui fonctionnent au Brésil. Nous avons laissé de côté, bien entendu, d'autres qui touchent, sous certains rapports, à la prévoyance. Mais les unes, comme les

(1) Cour d'appel de Rio, 15 nov. 1877.

asiles, les orphelinats, etc. rentrent naturellement dans le cadre plus vaste des institutions de bienfaisance et de l'assistance publique, et les autres, comme les Caisses de retenue fondées en Portugal, (*Monte Pio Militar*, par un Alvara du 16 décembre 1790, pour l'armée, qui n'offre qu'un intérêt historique, et *Monte Pio da Marinha*, par un décret du 28 septembre 1795 pour la marine et dont le plan est encore en vigueur) ont presque perdu leur caractère d'associations et font partie depuis longtemps du budget et du système général des rémunérations des serviteurs de l'Etat et de leurs familles, dans notre organisation administrative.

FIN.

TABLE DES MATIÈRES.

—◆◇◆—

Pau, impr. VIGNANCOUR. — P. Lalhougue, imprimeur.

ERRATA.